LE PE…
DR…

Paul… …main

Il y a très longtemps dans une région très lointaine vivait un petit dragon. Il se cachait dans une grotte au milieu de la forêt. Tous les habitants du village avaient peur car de grandes flammes sortaient de sa gueule. Il était seul et bien triste. Mais un jour son destin change grâce à un petit accident que subit le fils du chef du village.

TEXTE, EXERCICES ET NOTES PAULE GERMAIN
RÉVISION LAURENCE OLLIER
DESSINS STÉPHANIE PLACE
EDITING MICHELLE MAGRITTE

PREMIÈRES LECTURES

DANS UN PETIT LIVRE,
DES HISTOIRES FACILES À LIRE
ET TRÈS AMUSANTES!

La Spiga languages

LE PETIT DRAGON

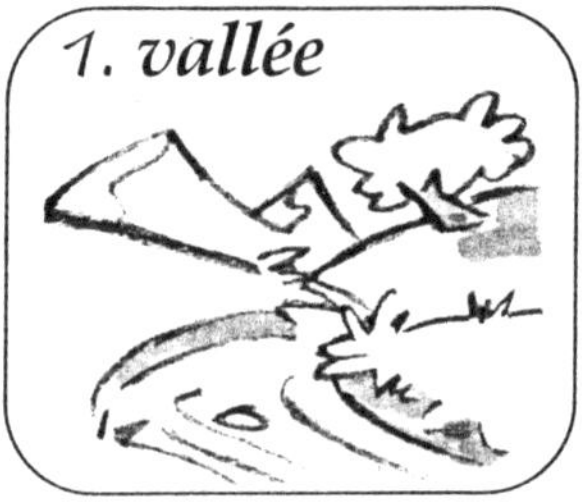

Il existe dans une région très lointaine, une belle vallée[1] verte où coule une petite rivière.
On entend très souvent le chant des oiseaux[2], tout semble paisible. Un village se trouve sur la colline et il domine ainsi toute la vallée. Le panorama est superbe.

ACTIVITÉ

Complète les phrases avec la préposition qui convient.

chez • avec • derrière • pour • sans • par • en • devant • dans • à

- Catherine va **chez** Isabelle .... une copine.
- Elles arrivent .... la porte et elles sonnent très fort.
- Rémy ouvre la porte et demande .... Claude de mettre son vélo .... le garage qui se trouve .... la maison.
- La cousine de Michel est italienne, elle est .... France depuis un mois .... améliorer son français.
- Sa voisine est restée .... travail.
- Elle est arrivée hier .... avion.

Mais le village a peur. Quelquefois les habitants découvrent des empreintes[1] très étranges, ils entendent des cris très forts dans la nuit, mais aussi il y a des feux qui brûlent[2] des arbustes et les oiseaux s'envolent rapidement, apeurés[3]. Que se passe-t-il dans la forêt ?

1. empreinte

2. brûler

3. apeuré

✎ **Choisis l'article contracté qui convient et complète.**

La voiture **du** médecin est toute neuve.
(de la – du – au)

- Nous allons ce soir ...... cinéma.
  (à le – du – au)
- Ma sœur est ...... maison tout l'après-midi.
  (à la – à l' – de la)
- Les rideaux ...... salon sont neufs.
  (au – à le – du)
- Je présente tes amis ...... invités.
  (aux – des – de les)
- Les portes ...... armoire sont fermées.
  (de l' – à la – à l')
- Le jardin ...... voisin est très joli.
  (de la – du – au)

Les habitants du village n'osent pas s'aventurer[1] hors de leur village. Un jour, le chef décide d'aller voir dans la forêt. Il part avec quelques volontaires. Après deux heures de marche, ils découvrent, assis devant une grande grotte[2]... un petit dragon bleu !!!

Ils sont très surpris.

1. s'aventurer

2. grotte

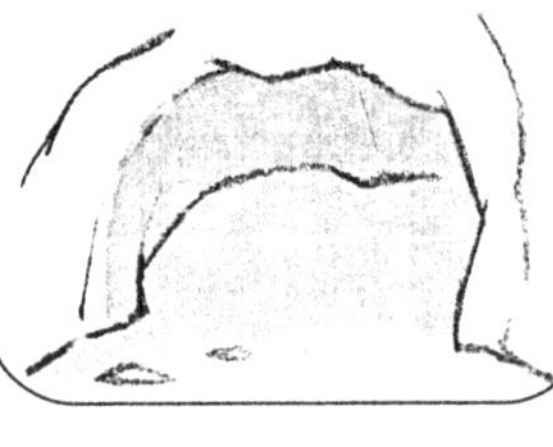

✎ **L'arrivée d'une course.**
Complète les phrases.

- **T**homas est arrivé le ....
- **C**léo est arrivée la ....
- **A**lexandra est arrivée la ....
- **P**aul est arrivé le ....

- Qui est arrivé le dernier ?
  C'est ....

Ils se sauvent[1] rapidement sans faire de bruit. Le chef raconte ce qu'il a vu et les villageois ont énormément peur. C'est la panique générale ! Ils courent dans tous les sens[2]. Le chef ne peut pas les calmer. Ils sont terrorisés[3]. Il y a une grande confusion dans le village.
Tout le monde veut partir.

1. se sauver

2. courir dans tous les sens

3. terrorisé

✎ **Indique pour chaque animal le nombre de pattes qu'il a (4, 2 ou 0).**

le chien	....	la baleine	....
le canari	....	le cochon	....
le renard	....	le dromadaire	....
l'âne	....	le ver	....
le hibou	....	le poisson rouge	....

✎ **Après avoir lu les descriptions d'animaux, devine-les !**

• C'est un mammifère rongeur ! Il a un pelage roux et une magnifique queue touffue ! Il vit sur les arbres et il se nourrit de graines et de fruits secs. **Qui est-ce ?**

....

• C'est un animal sauvage ! Il vit dans la forêt. C'est un plantigrade au corps lourd et massif. Il aime surtout le miel et les poissons. **Qui est-ce ?**

....

Le chef du village propose de construire une grande et robuste fortification[1] faite avec de gros arbres. Il place également des pièges[2] à l'entrée du village. Tout le monde participe aux travaux avec entrain. La population cesse d'être inquiète et reprend une vie normale. Le danger semble passé.

1. *fortification*

2. *piège*

✎ **Mets les phrases à la forme négative.**

- Le petit garçon mange une grosse glace.

....

....

- Mon frère joue dans le jardin avec un ballon rouge.

....

....

- C'est un cadeau très joli et bien utile.

....

....

- Il étudie sa leçon de français.

....

....

- Le petit chat dort près de la cheminée.

....

....

- Au printemps, les hirondelles font de nouveau leur nid.

....

....

De son côté, le petit dragon dort tout seul dans sa grotte. Il se réveille en sursaut[1] car les arbres coupés par les habitants font beaucoup de bruit en tombant sur le sol. Il se met en colère[2] et commence à détruire[3] tout ce qui se trouve autour de lui. Il crie fort et les habitants ont de nouveau peur.

✎ **Dessine le petit dragon en colère.**

✎ **Quel est l'animal que tu préfères ?**
Fais sa description.

....

....

....

....

....

....

Le soir, autour d'un grand feu sur la place du village, les anciens[1] racontent des histoires. Ils disent qu'autrefois il y avait beaucoup de dragons et qu'ils mangeaient les enfants qui n'obéissaient pas. Tous les petits enfants se cachent[2] sous les couvertures et les adultes rient.

1. *ancien*

2. *se cacher*

✎ **Choisis l'auxiliaire exact.**

avez • ai • as • sont • ont • sommes

- Tu ***as*** acheté une belle moto.
- Vous .... regardé un beau film.
- Mon frère et ma sœur .... allés au cinéma.
- Elles .... dû partir immédiatement.
- Nous .... arrivés en train.
- J' .... écrit une longue lettre à Grégory.

Le matin suivant, le soleil brille dans le ciel et Titus, le fils du chef, décide de partir à l'aventure dans les bois[1]. Il sort en cachette[2] du village et pénètre rapidement dans la forêt. Il veut découvrir la cachette du dragon. Il prend un gros bâton comme arme et un grand carton comme bouclier[3].

1. *bois*

2. *sortir en cachette*

3. *bouclier*

✎ **Aide Titus à trouver le bon chemin pour arriver à la grotte du dragon !**

Le village se réveille tout doucement et la mère de Titus s'aperçoit[1] que son fils n'est plus dans son lit. Elle crie[2] au secours et on organise tout de suite des équipes[3]. Les hommes prennent leurs arcs avec des flèches, des cordes solides et des lances aux pointes bien pointues.

1. s'apercevoir

2. crier

3. équipe

ACTIVITÉ

✎ **Réponds aux questions.**

- Qui se réveille ?

....

- Comment s'appelle le fils du chef du village ?

....

- Est-ce que Titus est encore dans son lit ?

....

- Pourquoi ?

....

....

- Que fait la maman de Titus ?

....

....

- Que se passe-t-il dans le village ?

....

....

- Que font les hommes ?

....

1. *fatigué*

Pendant ce temps, Titus continue son aventure. Il marche depuis longtemps, il se fatigue[1] et ne voit pas la grosse pierre devant lui.
Il trébuche[2] et tombe[3].
Le sentier est en pente et il le dévale[4] rapidement.

2. *trébucher*

Titus tombe dans un gouffre. Il a mal, il a peur et il crie.
Il commence à pleurer.

3. *tomber*

4. *dévaler*

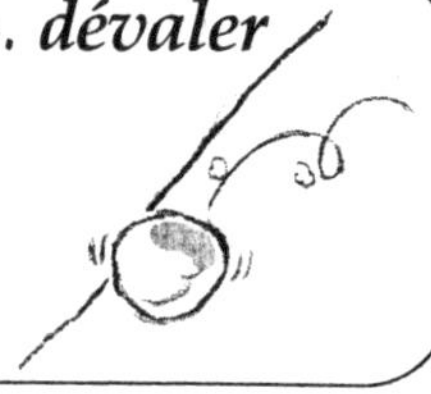

ACTIVITÉ

✎ Vrai ou Faux ?

	V	F
• Il y a dix mois dans l'année.	❑	❑
• Paris est la capitale de la France.	❑	❑
• La monnaie française était le franc.	❑	❑
• Le Colisée se trouve à Venise.	❑	❑
• La Statue de la Liberté se trouve à New York.	❑	❑
• Le Danube passe à Rome.	❑	❑
• « Vers » et « verre » sont deux synonymes.	❑	❑
• Le printemps commence le 21 mars.	❑	❑

Les oreilles du petit dragon se redressent[1]. Le petit dragon entend des cris et des pleurs. Il sort de sa grotte et se dirige vers les cris. Il est très curieux. À un certain moment, il voit un petit garçon au fond d'un grand trou qui gesticule[2] et qui pleure. Titus lève la tête et ses yeux rencontrent ceux du dragon.

1. se redresser

2. gesticuler

ACTIVITÉ

✎ **Quel âge ont-ils ?**

- **R**enée a .... ans.
- **J**ean-Paul a .... ans.
- **C**atherine a .... ans.
- **G**uillaume a .... ans.
- **O**céane a .... ans.

Le dragon regarde ce petit être apeuré. Titus n'ose plus bouger. Alors, le dragon tend sa longue queue vers Titus qui s'accroche[1] et il peut sortir du trou. Ensuite, Titus comprend que le dragon l'a sauvé et il sourit[2], content. Titus le caresse[3], il monte sur son dos et tous les deux vont vers le village.

1. s'accrocher

2. sourire

3. caresse

ACTIVITÉ

✎ **Mets les phrases au féminin.**

• Cet homme est généreux envers les autres.

....

• Ce garçon est muet comme un poisson.

....

• Ton cousin est très heureux de partir en vacances.

....

• Le nouveau camarade de François est sportif.

....

• Ce garçon est assez naïf, il croit en tout.

....

• Martin est souvent inquiet, il a beaucoup de problèmes.

....

• Ce jeune homme est jaloux et aussi un peu fou.

....

Quand Titus entre dans le village, tous les habitants sont surpris[1] et ensuite ils ont très peur. Titus explique que le dragon est gentil. Il raconte aussi son aventure. Alors les habitants exultent de joie[2]. Ils font une farandole[3] autour du dragon qui est content lui aussi. Finalement, c'est la paix !

1. surpris

2. exulter de joie

3. farandole

✎ **Trouve les HUIT différences entre les deux dessins.**

Depuis ce jour,
le petit dragon vit dans
le village. Il aide
les habitants dans
les travaux des champs.
C'est un grand ami
du boulanger[1] car ses
flammes réchauffent[2]
le four qui cuit le pain.
En hiver, les flammes
du dragon réchauffent
les maisons.

ACTIVITÉ

✎ **Qui fait quoi ?**

- .... soigne les malades.
- La coiffeuse fait des mises en plis.
- .... écrit des lettres à la machine.
- .... prend de belles photos.

La coiffeuse

....

....

....

Finalement, le petit dragon a beaucoup d'amis et le village n'a plus peur. Pendant longtemps l'histoire du petit dragon s'est répandue[1] dans toute la région et on a inventé des légendes. Les habitants des autres régions appelaient le village : le village du dragon. La légende continue !!

1. ***répandre***

ACTIVITÉ

Quelle heure est-il ?

• À quelle heure te lèves-tu le matin ?

Je me lève à ....

....

• À quelle heure prends-tu ton petit-déjeuner ?

....

....

• À quelle heure vas-tu à l'école ?

....

....

• LECTEURS EN HERBE • EN COULEURS •

Béril	ASTRELIX DANS L'ESPACE
Lutun	ZAZAR
Moulin	LE COMTE DRACULA
Moulin	NESSIE LE MONSTRE
Moulin	ROBIN DES BOIS
Vincent	LA FAMILLE FANTOMAS

• PREMIÈRES LECTURES •

Aublin	LE RIFIFI
Aublin	MERLIN L'ENCHANTEUR
Aublin	SCARAMOUCHE
Avi	LE TITANIC
Brunhoff	L'ÉLÉPHANT BABAR
Busch	MAX ET MAURICE
Cabline	VERCINGÉTORIX
Capatti	JOUEZ avec la GRAMMAIRE FRANÇAISE
Daudet	LA CHÈVRE DE M. SÉGUIN
Dumas	LES TROIS MOUSQUETAIRES
Dutrois	L'ACCIDENT !
Dutrois	OÙ EST L'OR ?
Germain	LE PETIT DRAGON
Gilli	MÉDOR ET LES PETITS VOYOUS
Grimm	CENDRILLON
Grimm	LES GNOMES
Hutin	LA MAISON DES HORREURS
Hutin	LE PAPILLON
La Fontaine	LE LIÈVRE ET LA TORTUE
Leroy	LES AVENTURES D'HERCULE
Les 1001 Nuits	ALI BABA ET LES 40 VOLEURS
Messina	LE BATEAU-MOUCHE
Perrault	LE PETIT CHAPERON ROUGE
Stoker	DRACULA

• PREMIÈRES LECTURES • EN COULEURS •

Arnoux	LE MONSTRE DE LOCH NESS
Andersen	LES HABITS DE L'EMPEREUR
Grimm	HANSEL ET GRETEL
Hugo	LE BOSSU DE NOTRE-DAME
Laurent	LE DRAGON DORMEUR
Laurent	POCAHONTAS
Pellier	LE VAMPIRE GOGO

• LECTURES TRÈS FACILITÉES •

Aublin	FRANKENSTEIN contre DRACULA
Avi	LE COMMISSAIRE
Avi	LE TRIANGLE DES BERMUDES
Cabline	NAPOLÉON BONAPARTE
Capatti	JOUEZ avec la GRAMMAIRE FRANÇAISE
Cavalier	LES MÉSAVENTURES DE RENART
Ducrouet	NUIT DE NOËL
Géren	LE BATEAU VIKING
Géren	LE MONSTRE DES GALAPAGOS
Germain	LE VAMPIRE
Gilli	UN CŒUR D'ENFANT
Gilli	PARIS-MARSEILLE VOYAGE EN T.G.V.
Hémant	MARIE CURIE
Hutin	CARTOUCHE
Hutin	LE MYSTÈRE DE LA TOUR EIFFEL
Laurent	UN VOLONTAIRE DANS L'ESPACE
Leroy	ANACONDA, LE SERPENT QUI TUE
Mass	LA CHASSE AU TRÉSOR
Mass	OÙ EST L'ARCHE DE NOÉ?
Mérimée	LA VÉNUS D'ILLE
Messina	GRISBI

• LECTURES TRÈS FACILITÉES •

Arnoux	BONNIE ET CLYDE • FUITE D'ALCATRAZ
Aublin • Wallace	SISSI • BEN HUR
Avi • Doyle	PIRATES • LA MOMIE
Cabline	LES CHEVALIERS DU ROI ARTHUR
Germain • Saino	HALLOWEEN • LE MASQUE
Hoffmann	PIERRE L'ÉBOURIFFÉ
Hutin	LES COPAINS
Pellier	LE REQUIN • HISTOIRES FANTÔMES
Perrault • Leroux	BARBE BLEU • FANTÔME de l'OPÉRA

• LECTURES FACILITÉES •

Aublin	RIEN NE VA PLUS !
Beaumont	LA BELLE ET LA BÊTE
Capatti	JOUEZ avec la GRAMMAIRE FRANÇAISE
Capatti	PEARL HARBOR
Daudet	TARTARIN DE TARASCON
Dumas	LES TROIS MOUSQUETAIRES
Flaubert	MADAME BOVARY
Forsce	JACK L'ÉVENTREUR
Fraiche	LA BATAILLE D'ALGER
Fraiche	LES MYSTÈRES DE LA BASTILLE
Gautier	CAPITAINE FRACASSE
Géren	LA MOMIE
Géren	LES DENTS DE DRACULA
Giraud	L'HISTOIRE D'ANNE FRANK
Juge	FUITE DE LA CAYENNE
Juge	JEANNE D'ARC
Malot	SANS FAMILLE
Martini	LA CHANSON DE ROLAND
Martini	LE ROMAN DE RENART
Martini	LE FANTÔME à Chenonceaux
Mass	FUITE DE SING-SING
Maupassant	BOULE DE SUIF
Maupassant	UNE VIE
Mercier	CONTES D'AFRIQUE
Mercier	L'AFFAIRE DREYFUS
Mercier	L'EUROTUNNEL
Molière	LE MALADE IMAGINAIRE
Mounier	STALINGRAD
Pergaud	LA GUERRE DES BOUTONS
Perrault	LE CHAT BOTTÉ
Rabelais	GARGANTUA ET PANTAGRUEL
Radiguet	LE DIABLE AU CORPS
Renard	POIL DE CAROTTE
Rostand	CYRANO DE BERGERAC
Sand	LA MARE AU DIABLE
Sand	LA PETITE FADETTE
Ségur	MÉMOIRES D'UN ÂNE
Terrail	LES EXPLOITS DE ROCAMBOLE
Troyes	PERCEVAL
Verne	DE LA TERRE À LA LUNE
Verne	LE TOUR DU MONDE EN 80 JOURS
Verne	20 000 LIEUES SOUS LES MERS

• LECTURES FACILITÉES •

Beaumarchais • Fraiche	FIGARO • ROBESPIERRE
Beaum • Hugo	BARBIER SÉVILLE • MISÉRABLES
Forsce	RICHARD CŒUR DE LION
Fraiche	CHARLEMAGNE
Loti • Messina	PÊCHEUR • JOCONDE
Mercier • Renard	CONTES • POIL DE CAROTTE
Molière	TARTUFFE
Saino • Juge	ORIENT EXPRESS • ANDES
Ségur • Pergaud	MÉMOIRES ÂNE • GUERRE

• LECTURES SANS FRONTIÈRES •

Balzac	LE PÈRE GORIOT
Béguin	AMISTAD
Béguin (SANS CASSETTE/CD)	JOUEZ avec la GRAMMAIRE FRANÇAISE
Combat	HALLOWEEN
Conedy	COCO CHANEL
Diderot	JACQUES LE FATALISTE
Dumas	LA DAME AUX CAMÉLIAS
Flaubert	L'ÉDUCATION SENTIMENTALE
Flaubert	MADAME BOVARY
France	LE LIVRE DE MON AMI
Hugo	NOTRE-DAME DE PARIS
Iznogoud	JACK L'ÉVENTREUR
Maupassant	BEL-AMI
Messina	JEANNE D'ARC
Messina	MATA HARI
Messina	NAPOLÉON. L'HISTOIRE D'UNE VIE
Molière	L'ÉCOLE DES FEMMES
Proust	UN AMOUR DE SWANN
Sampeur	RAPA NUI
Stendhal	LE ROUGE ET LE NOIR
Térieur	LE TRIANGLE des BERMUDES
Zola	GERMINAL
Zola	THÉRÈSE RAQUIN

• AMÉLIORE TON FRANÇAIS •

Alain-Fournier	LE GRAND MEAULNES
Anouilh	BECKET
Balzac	L'AUBERGE ROUGE
Balzac	L'ÉLIXIR DE LONGUE VIE
Balzac	NAPOLÉON DU PEUPLE
Baudelaire	LA FANFARLO
Corneille	LE CID
Daudet	LETTRES DE MON MOULIN
Duras	AGATHA
Flaubert	UN CŒUR SIMPLE
Gautier	LA MORTE AMOUREUSE
Hugo	Le DERNIER JOUR d'un CONDAMNÉ
La Fontaine	FABLES
Maupassant	MADEMOISELLE FIFI
Maupassant	LE PETIT FÛT
Molière	L'AVARE
Molière	L'AMOUR MÉDECIN
Molière	TARTUFFE
Molière	LES PRÉCIEUSES RIDICULES
Perrault	CONTES
Prévost	MANON LESCAUT
Rousseau	RÊVERIES DU PROMENEUR SOLITAIRE
Simenon	LES 13 ÉNIGMES
Stendhal	LES CENCI
Stendhal	HISTOIRES D'AMOUR
Voltaire	MICROMÉGAS

• CLASSIQUES DE POCHE •

Baudelaire	LE SPLEEN DE PARIS
Duras (SANS CASS./CD)	L'AMANT
Hugo	LA LÉGENDE DU BEAU PÉCOPIN
La Fayette	LA PRINCESSE DE CLÈVES
Maupassant (SANS CASS./CD)	CONTES FANTASTIQUES
Pascal	PENSÉES
Proust	VIOLANTE OU LA MONDANITÉ
Racine (SANS CASS./CD)	PHÈDRE
Sagan (SANS CASS./CD)	BONJOUR TRISTESSE
Simenon (SANS CASS./CD)	L'AMOUREUX DE MME MAIGRET
Voltaire	CANDIDE

 • IMPRIMÉ EN ITALIE PAR TECHNO MEDIA REFERENCE
DISTRIBUÉ PAR MEDIALIBRI • VIA IDRO 38, 20132 MILAN • ITALIE • TÉL. 02 27207255 • FAX 02 2567179